Ashkan Sahihi

BEAUTIFUL BERLIN BOYS

KEHRER

Vorwort

Im Frühling 1987 zog ich nach New York City. Die Welt befand sich im Kalten Krieg und die digitale Revolution war lediglich ein Rauschen aus einem fernen Universum, bevölkert von Geeks und Nerds. New York war damals das Zentrum der Pop- und Subkultur; ein Sehnsuchtsort. Unsere Gemeinschaft voll Träumern und Sonderlingen war international, bunt und schwul – obwohl ich bezweifle, dass wir damals wussten, wie besonders diese Mischung aus ethnischer Herkunft, Milieu und Gender tatsächlich war.

Umso härter traf es uns, als HIV/Aids begann, seinen Tribut zu fordern. In nur wenigen Jahren wurde ein erheblicher Teil meiner Freunde und Kollegen aus der Kunstszene unvermittelt aus dem Leben gerissen. Uns erschien es, als würde die Hälfte der begabtesten und talentiertesten Künstler auf einen Schlag verschwinden. Bis heute erinnere ich mich an so viele von ihnen. Und ich vermisse sie jeden Tag.

Wir, die verblieben, waren zu jung und zu naiv, um uns politisch zu organisieren, uns gezielt für Forschung, Schutz und Unterstützung einzusetzen.

Als ich 2013 nach Berlin zog, begegnete ich jungen Männern, die mir schmerzhaft vertraut erschienen. Zwar wusste ich, dass ich sie noch nie gesehen hatte, aber das Gefühl der Erinnerung hielt sich hartnäckig. Ich brauchte einige Monate um zu verstehen, dass ich in diesen jungen Menschen etwas wiedererkannte: die heutige Generation schwuler Männer, die auf der Suche nach Ausdrucksformen ihrer Identität sind. Diese Männer – Jungs in meinen Augen – leben heute in Berlin aus dem gleichen Grund, der uns damals in New York zusammenbrachte: die Hoffnung, zu souveränen Subjekten unserer selbst zu werden. Genauso bewusst wie wir uns damals New York auswählten, entscheiden sie sich heute für Berlin. Ein Berlin, weltoffen und liberal, welches Schutz bietet für all diejenigen, die aus politischen oder wirtschaftlichen Gründen eine Zuflucht suchen, für all die, die sich selbst erforschen und neu definieren wollen. Ein besonderer Sehnsuchtsort.

Wie überall auf der Welt beginnt auch in Berlin der wachsende Druck des politisch rechten Randes spürbar zu werden, der seine sogenannten Werte mit Gewalt und körperlichen Übergriffen durchsetzen will. Zudem gibt es eine wachsende Anzahl von Menschen aus anderen Kulturen und Ländern, die das Recht auf ein freies Leben für sich beanspruchen, jedoch keine Toleranz gegenüber denjenigen aufbringen können, deren Leben und sexuelle Identität nicht im Einklang mit ihren eigenen Lebensentwürfen stehen. So erscheint das Privileg des Lebens in Offenheit und Freiheit in Berlin zunehmend bedroht. Es wird weiterhin versucht, eine vollständige politische und gesellschaftliche Gleichstellung sexueller Minderheiten zu verhindern und die bereits errungenen Rechte und Freiheiten müssen verteidigt werden. Wir werden nicht wegsehen, wenn – egal von welchem Teil der Bevölkerung – unsere schwulen und lesbischen, queer und transgender Brüder und Schwestern und Geschwister angefeindet werden.

Dieser Band mit zwanzig männlichen Akten trägt den Titel *Beautiful Berlin Boys*. Er ist eine Hommage an all die Freunde, die wir vor so langer Zeit verloren haben.

In Hoffnung auf Vergebung dafür, dass wir damals in unserem Engagement versagten, soll diese Sammlung eine klare Botschaft senden: Wir sehen Dich. Du bist schön. Wir stehen zu Dir. Wir lieben Dich.

Artist's Statement

I arrived in New York City in the spring of 1987. The world was still in a Cold War depression and the digital revolution was just a rumble in the distant nerd universe. New York was the epicenter of pop culture and subculture. It was the physical manifestation of a home and a go-to place for all those seeking self-actualization and/or personal reinvention. Our small army of oddballs and dreamers was international, colorful, and very gay—though I doubt we were aware of the community's statistical makeup in terms of race, class, or gender.

All the harder it hit us when HIV/AIDS began taking its toll. Within a few years a great number of fellow artists and friends were brutally wiped out, diminishing the creative community by what seemed like half of its most brilliant talents and ravaging its creative power.

We were too young and too naive to get organized politically and demand more research, care, and protection for our friends. There are still so many faces I recall and miss every day.

When I arrived in Berlin in 2013, I would see young men who looked excruciatingly familiar. I knew I had never met them, but the feeling lingered. It took me several more months to recognize in these young people the newest generation of gay men shaping their identities in the current epicenter of self-actualization. These young men—boys in my eyes—have come to Berlin for the same reason we all gathered in New York: in hope of becoming their own sovereign beings. And they have chosen Berlin, as we chose New York, because it is free and open. It provides shelter to those seeking refuge for political and economic reasons and to those looking for a safe place to explore and redefine themselves.

Sadly, the right and privilege to live with a degree of freedom and openness that only a few cities can provide has increasingly come under attack. Like anywhere else in the world, Berlin faces increasing pressure from a right wing that asserts its so-called values through force and physical assault. In addition, the city has seen an influx of men and boys from other cultures who seek the right to peace for themselves, but feel alarmingly at ease assaulting those whose lifestyle, gender identity, or self-expression they do not agree with.

This collection of twenty male nude studies is called *Beautiful Berlin Boys*. It is an homage to the friends we lost many years ago, but also a clear message that this time around we will not stand idle as our gay, lesbian, transgender, queer brothers, sisters, and others are being attacked by any part of the population.

For action we may have failed to take in the past, I can only hope that we will be forgiven. This series is to say: We see you. You are beautiful. We stand by you. We love you.

Robin

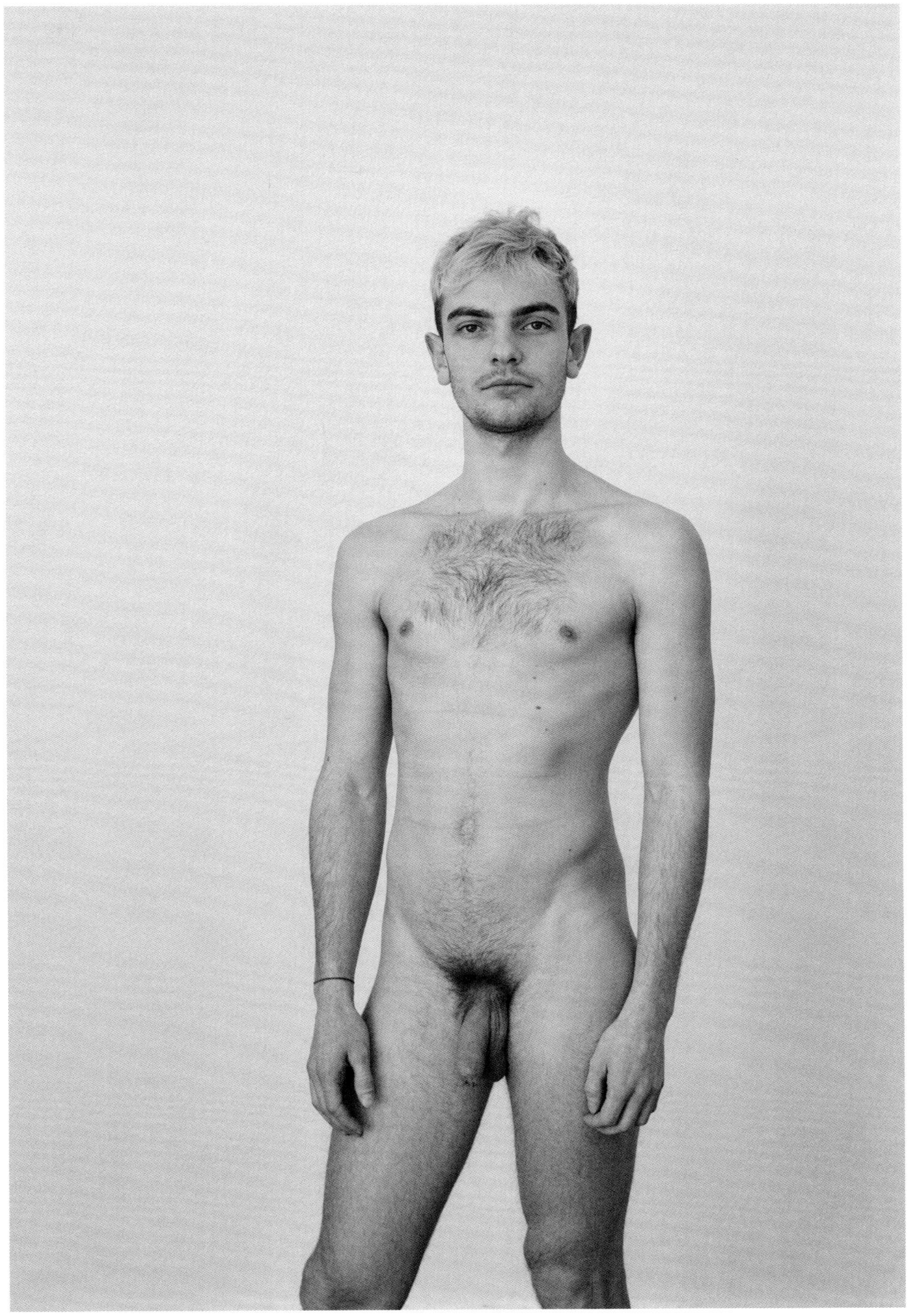

Stephanos

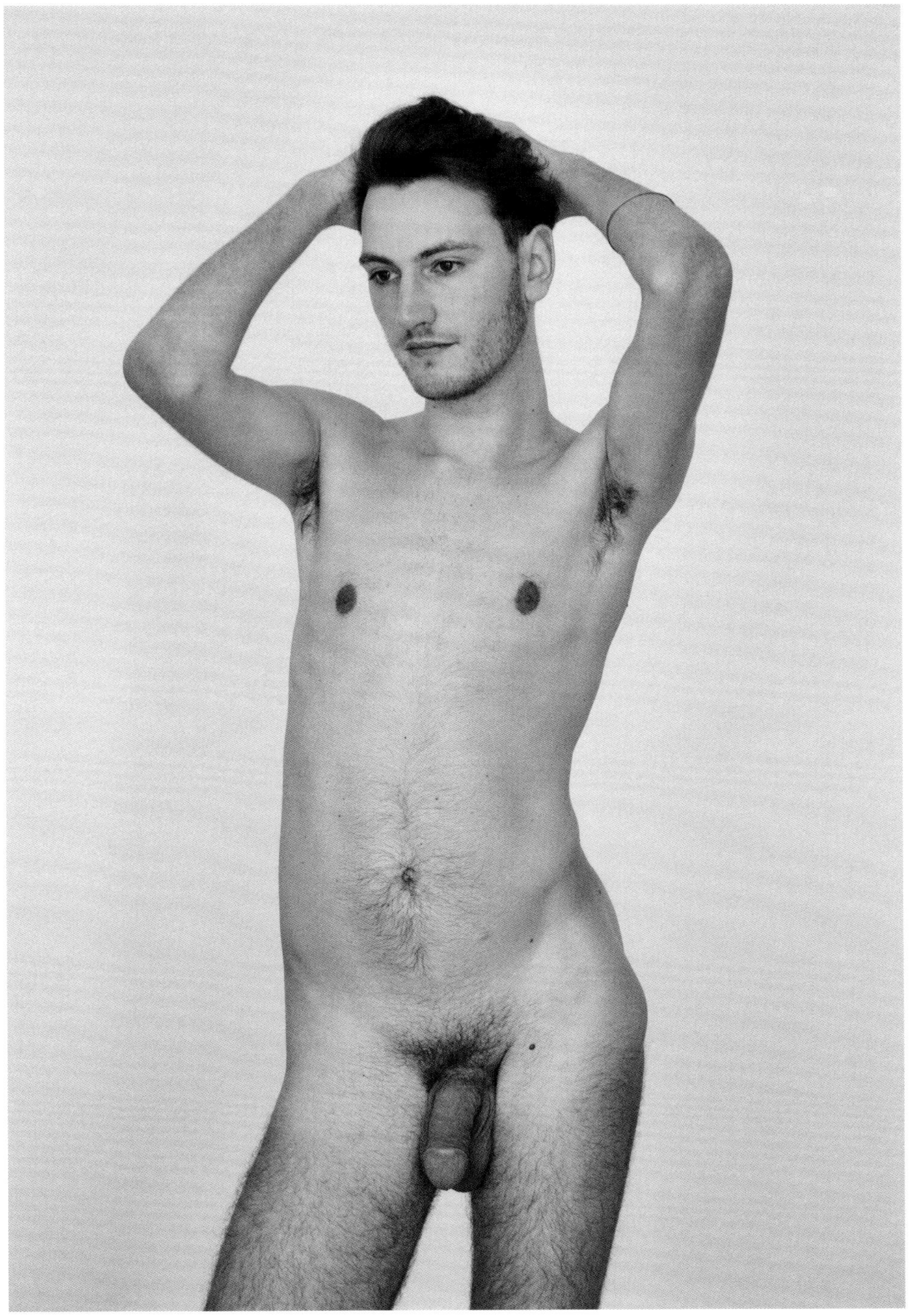

Oliver

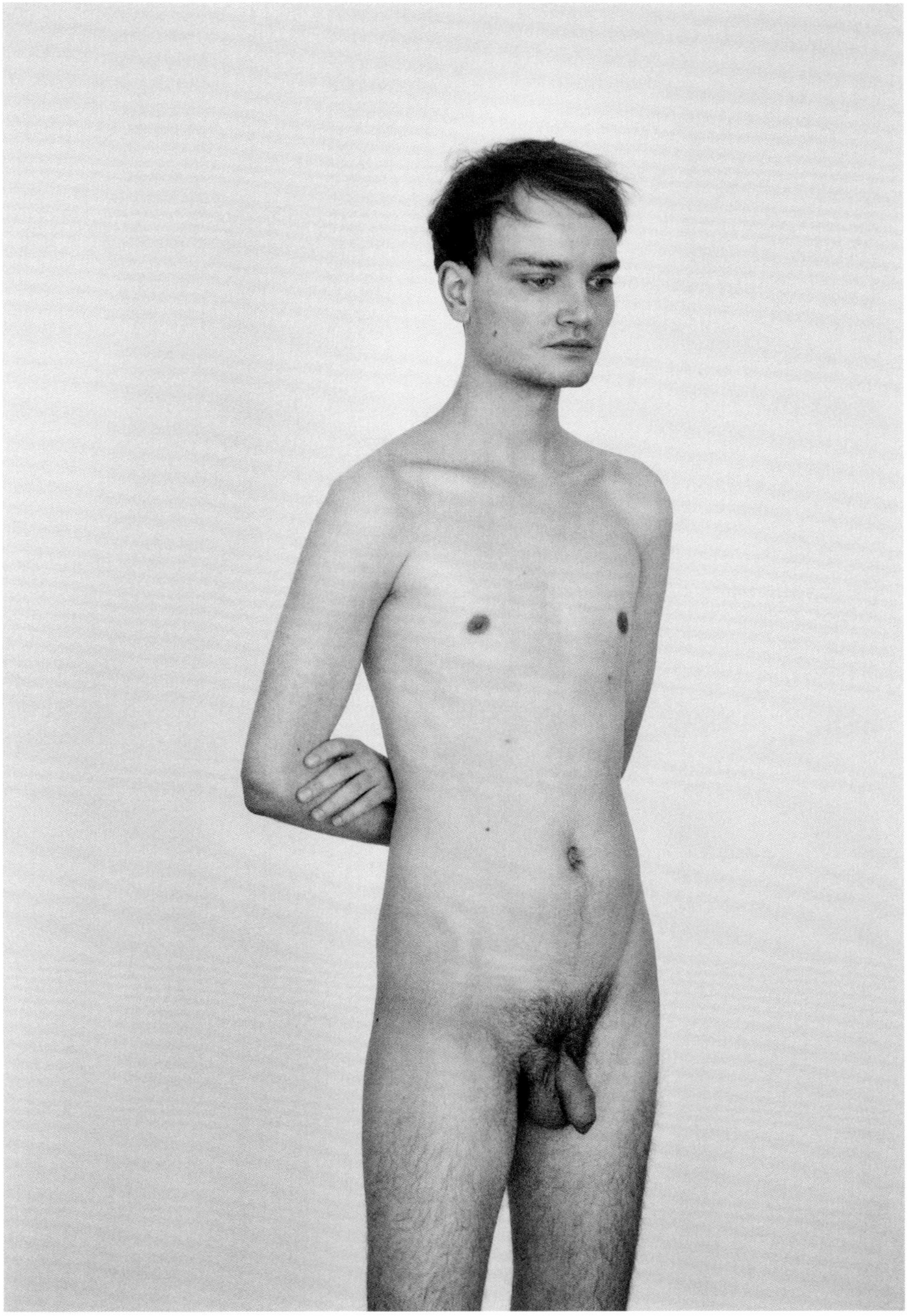

Friedhelm

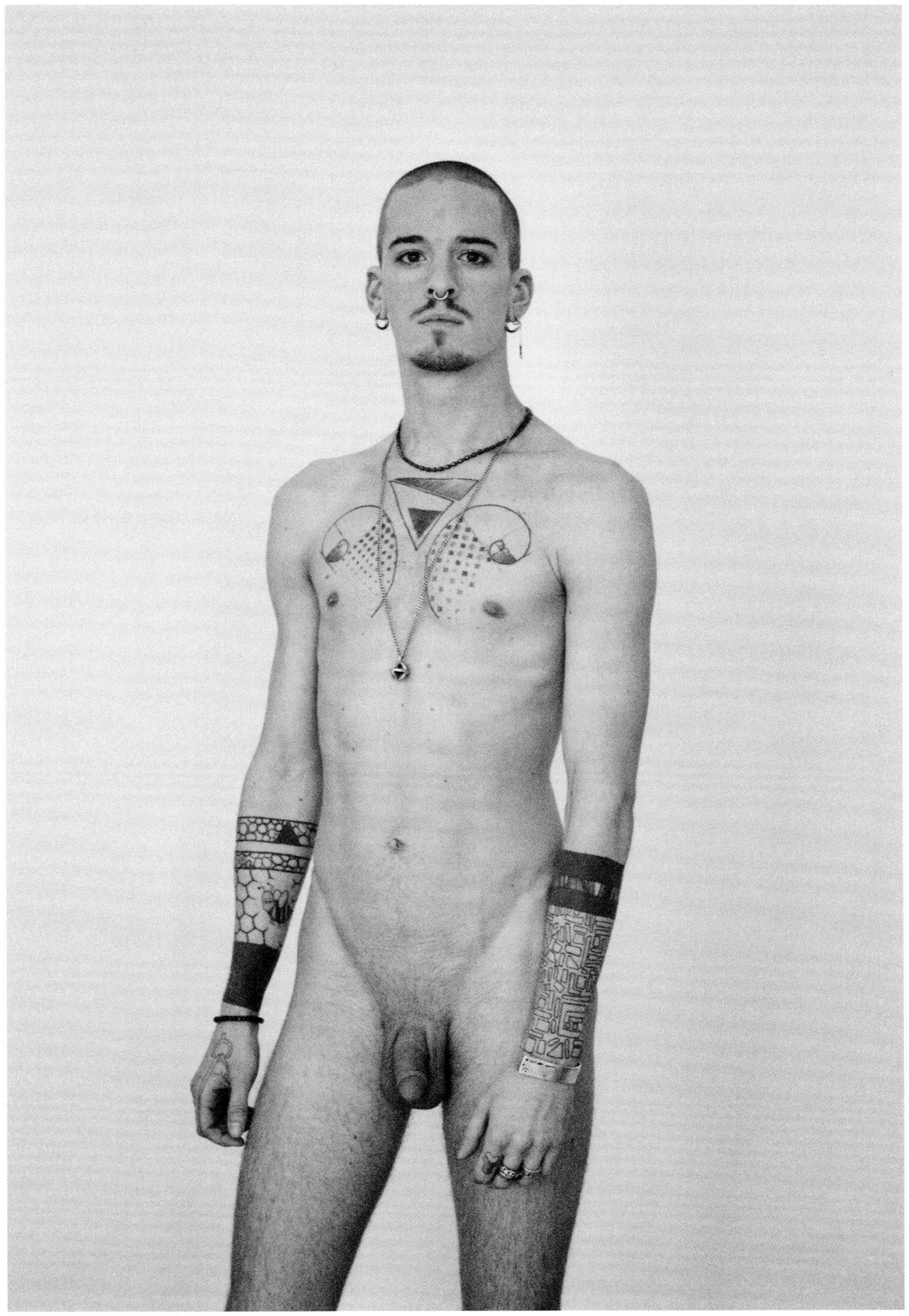

Rodrigo

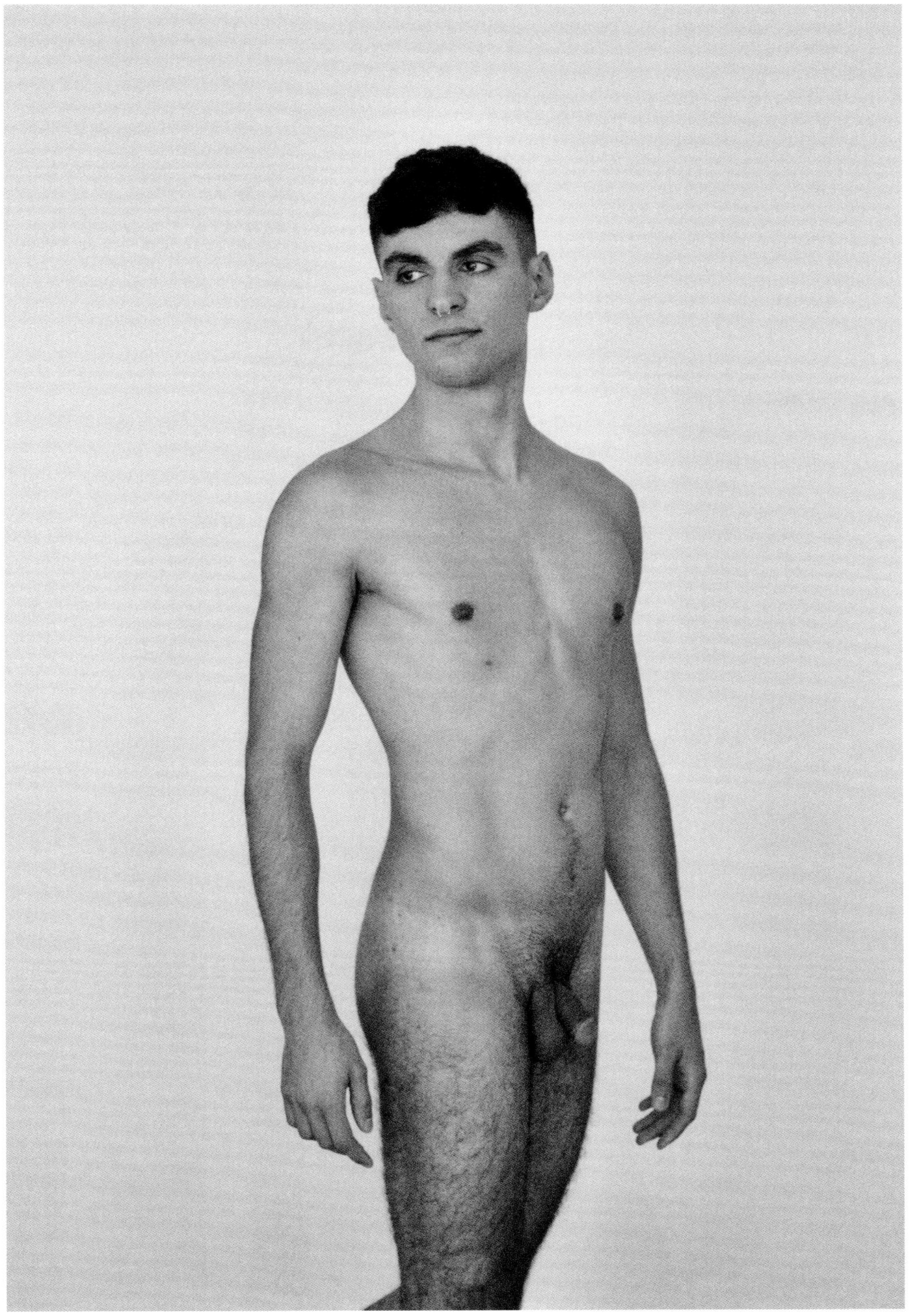

Christian

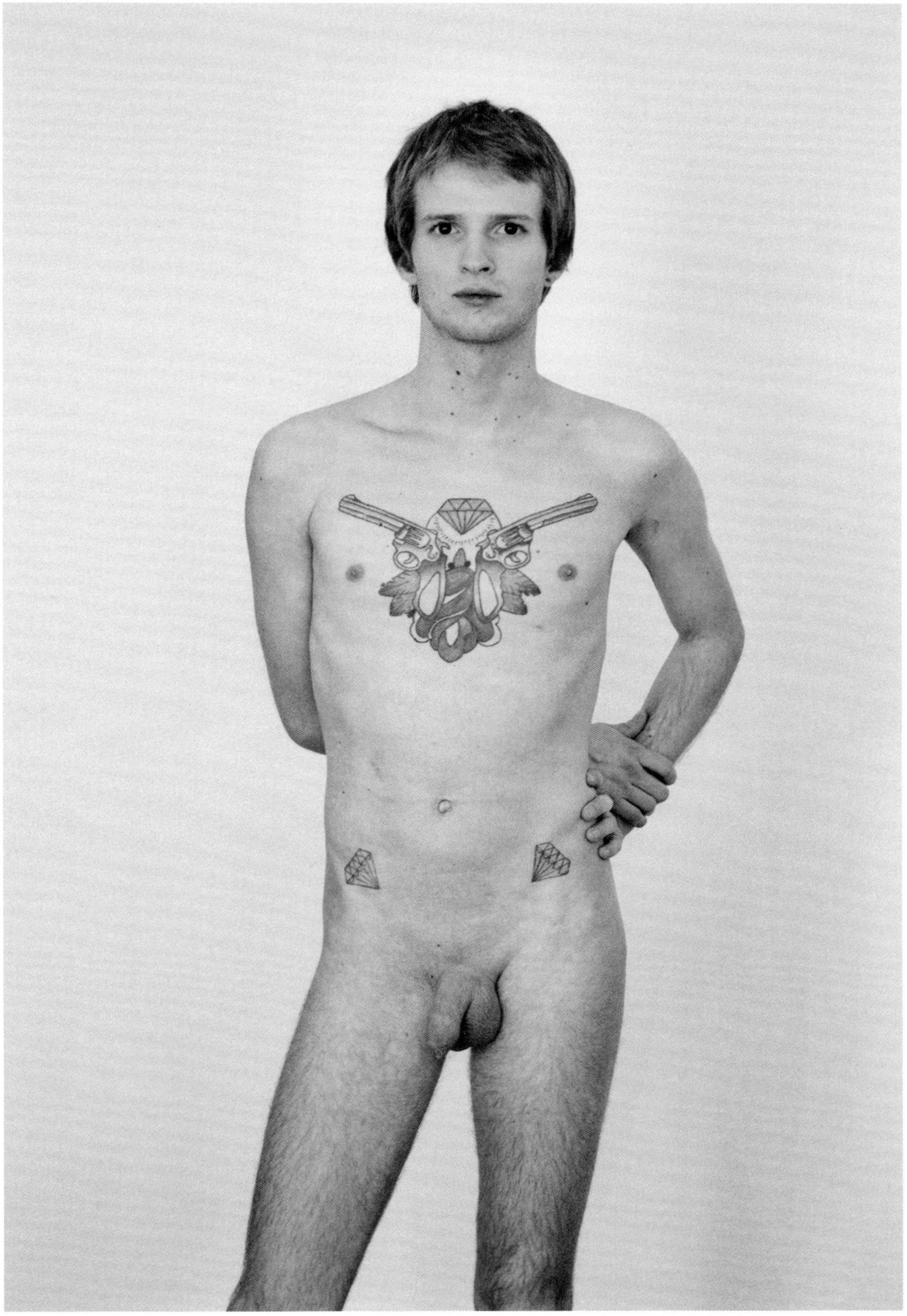

Ralph

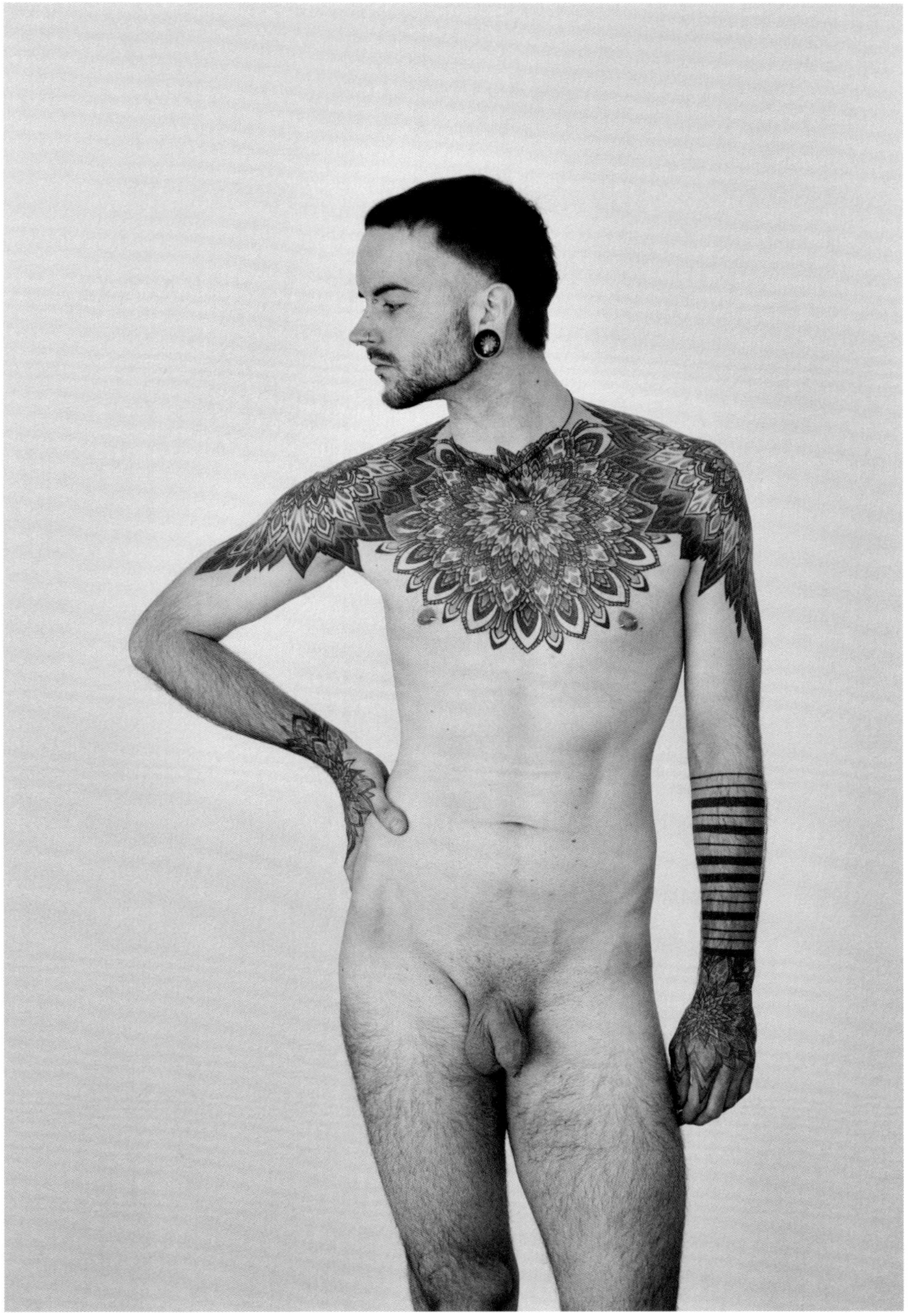

Tobias

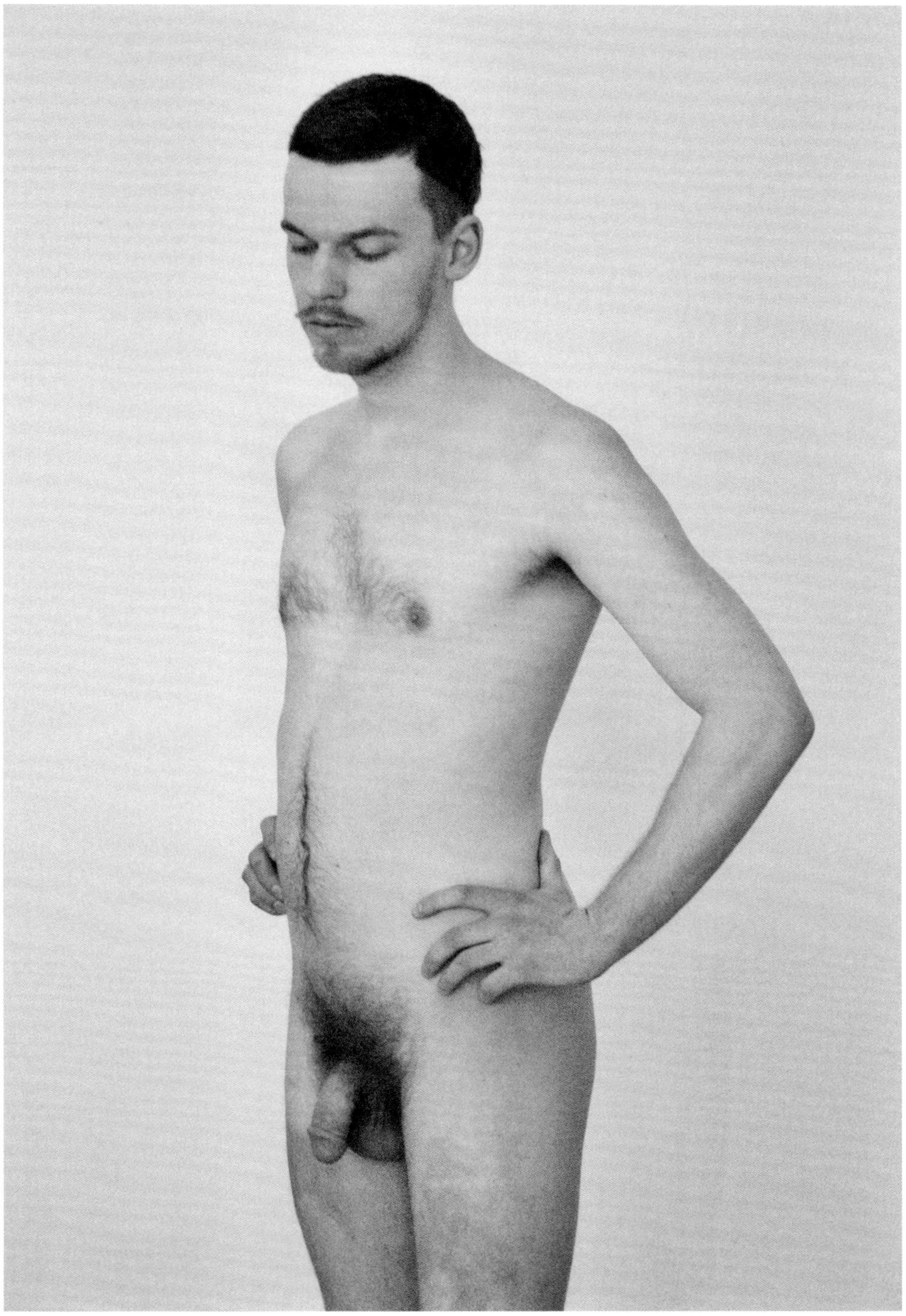

Sepehr

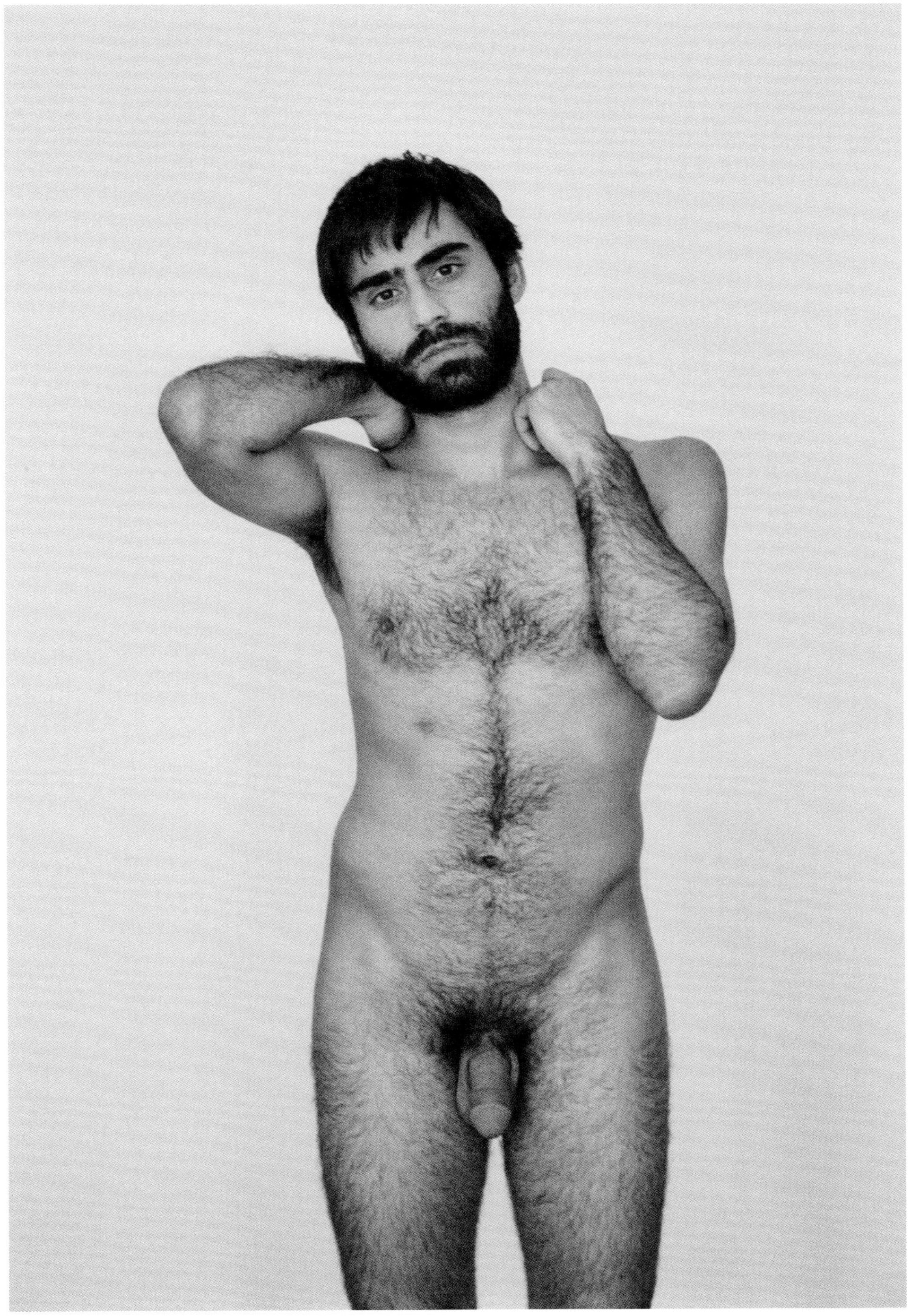

Jan

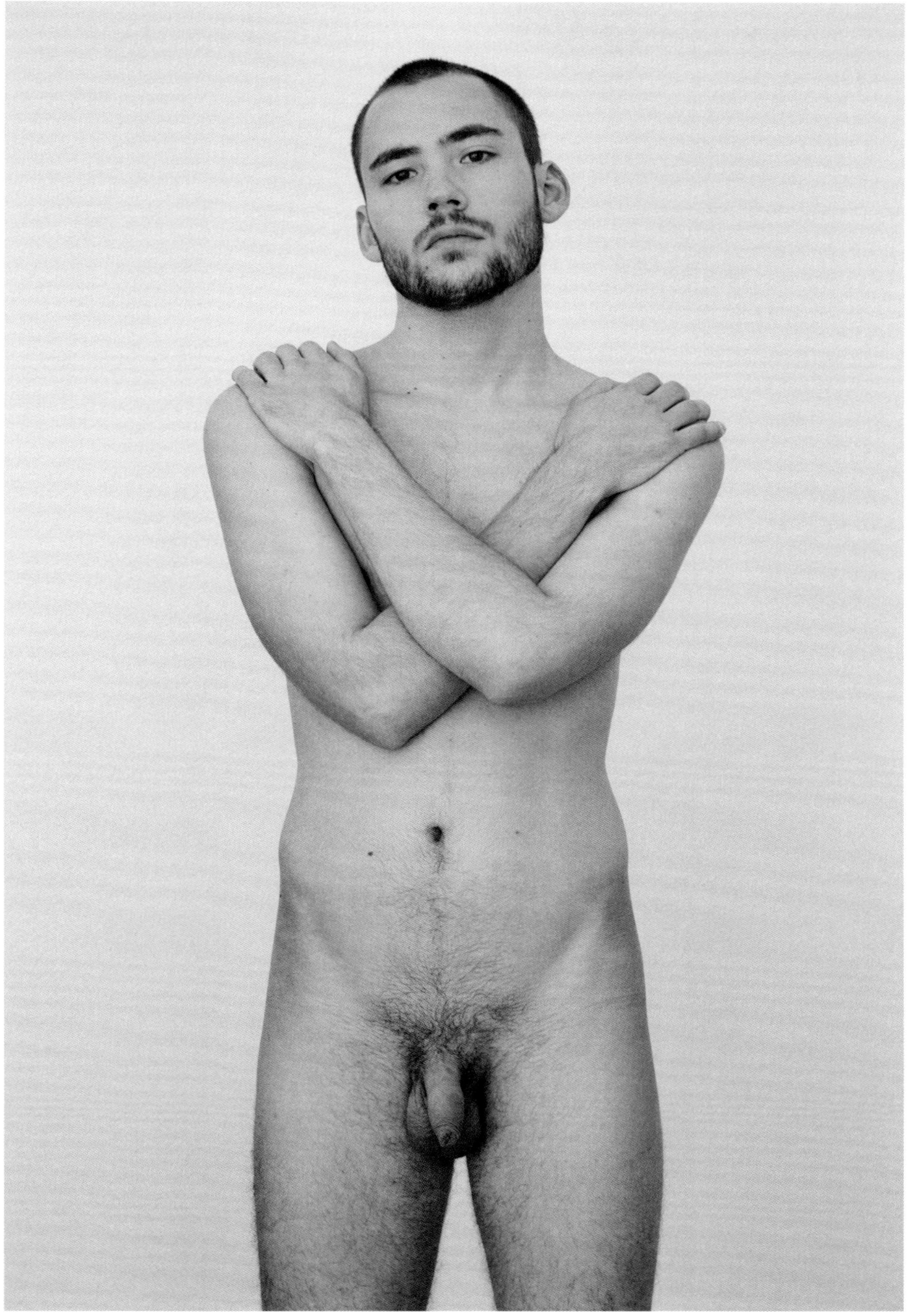

Janet

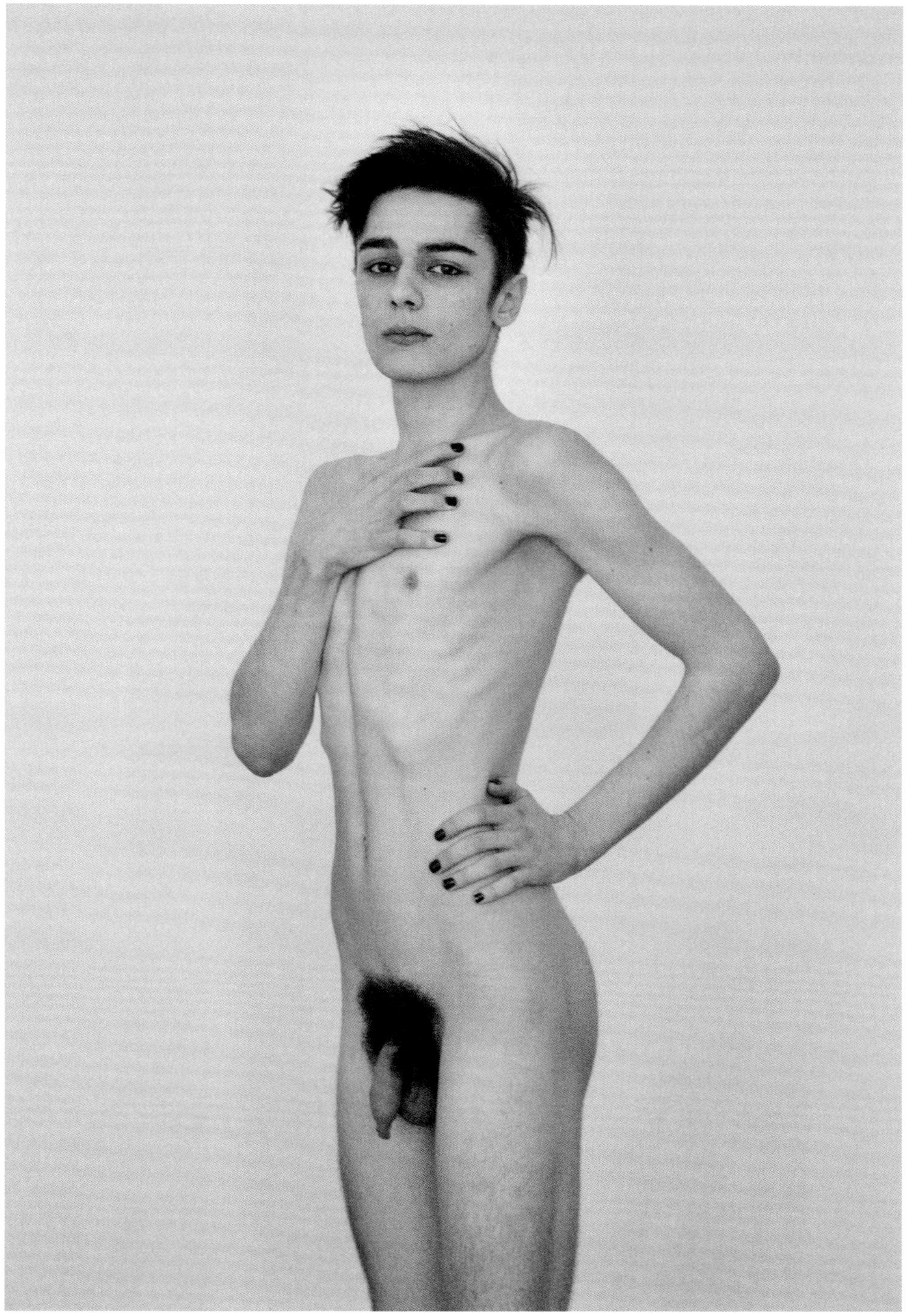

Tristan

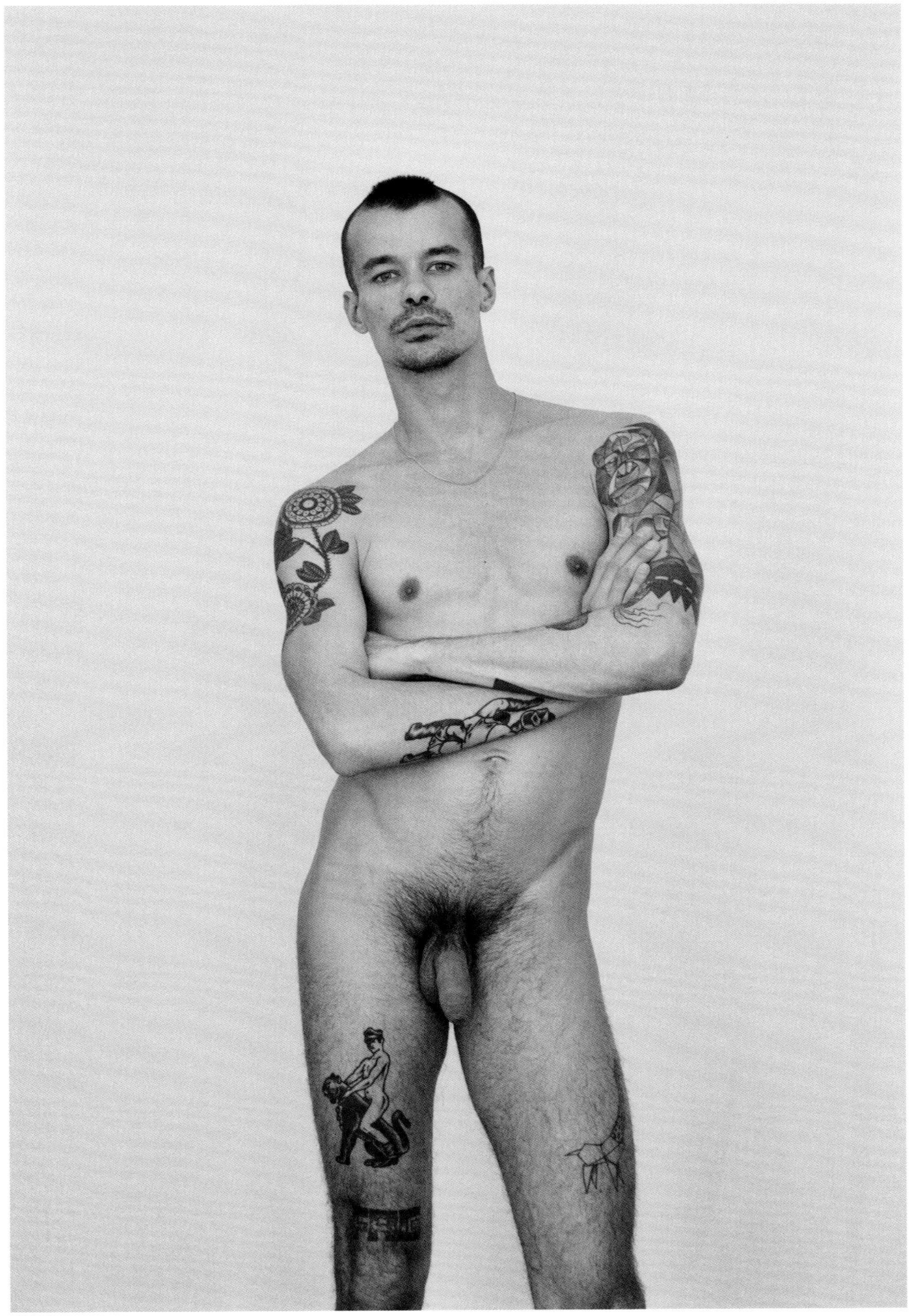

Ruby

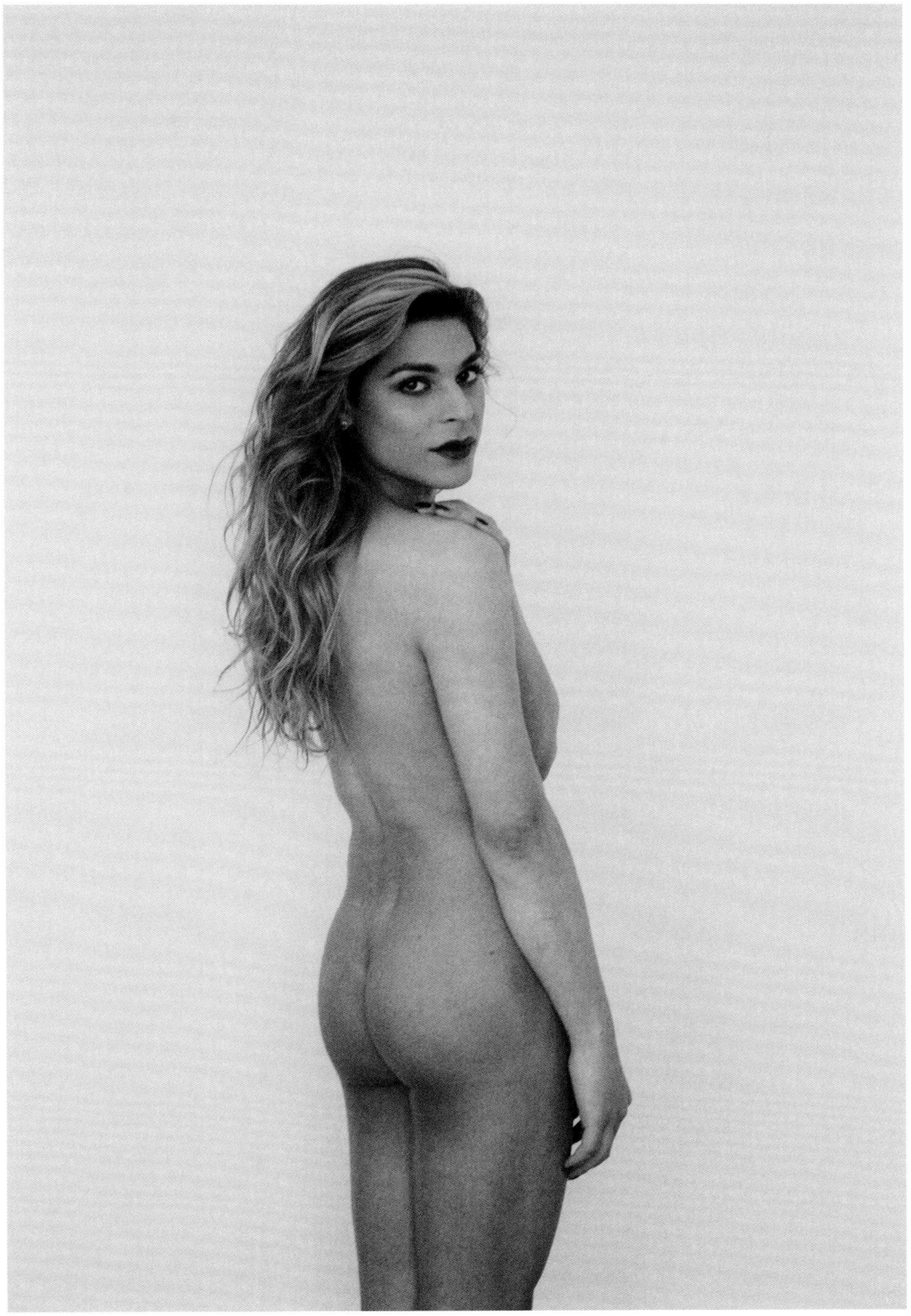

Steven

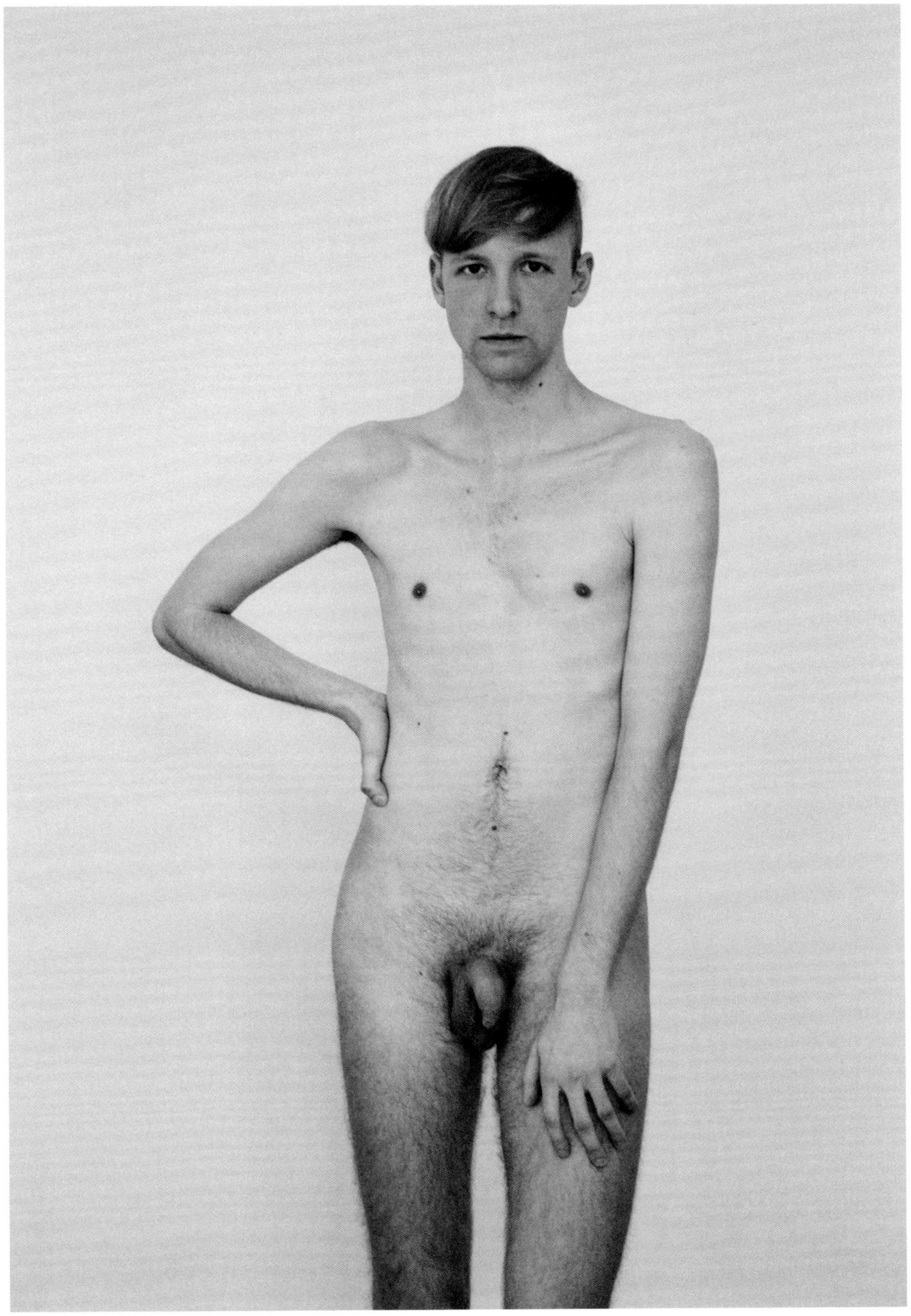

Rouven

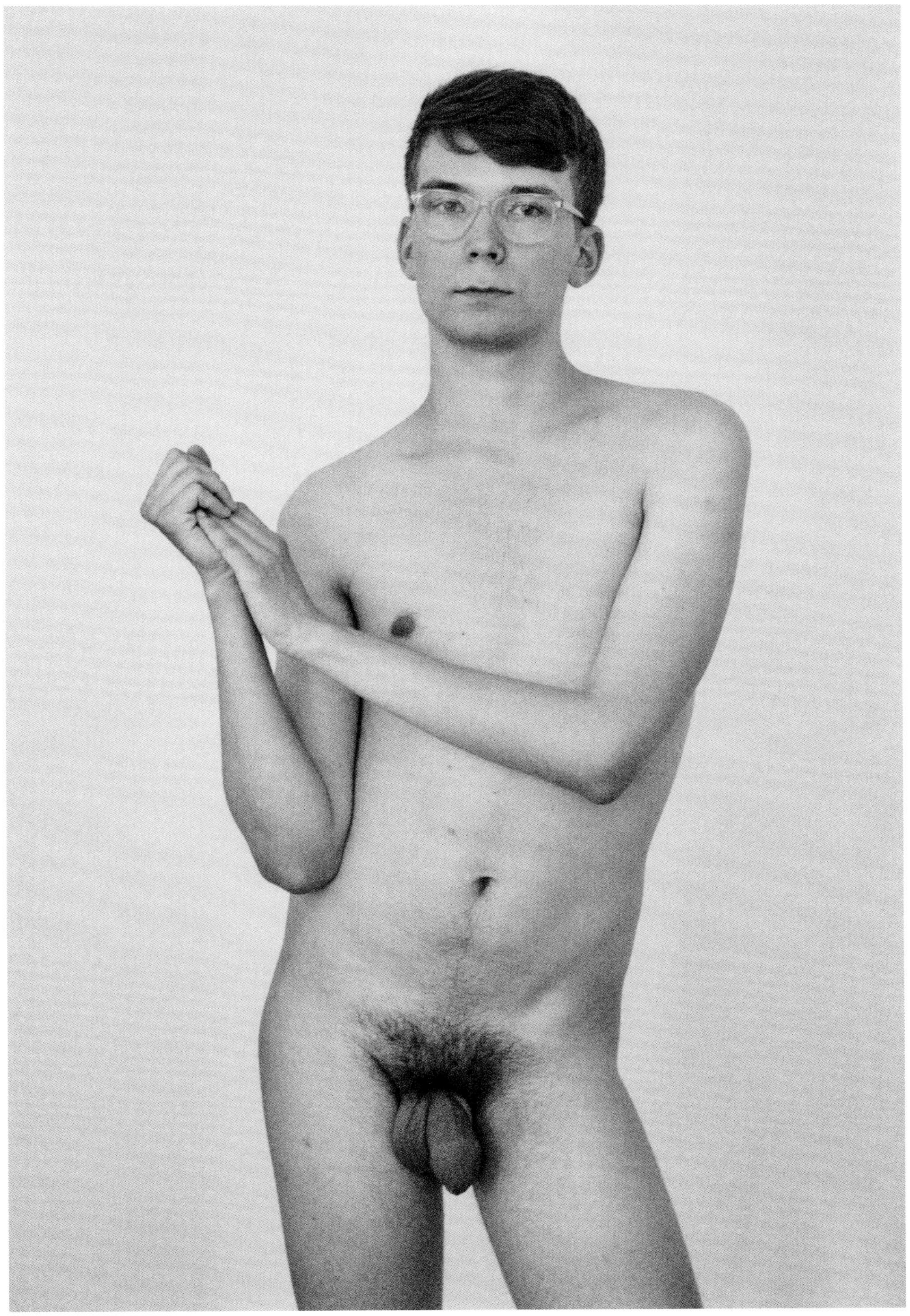

Damiano

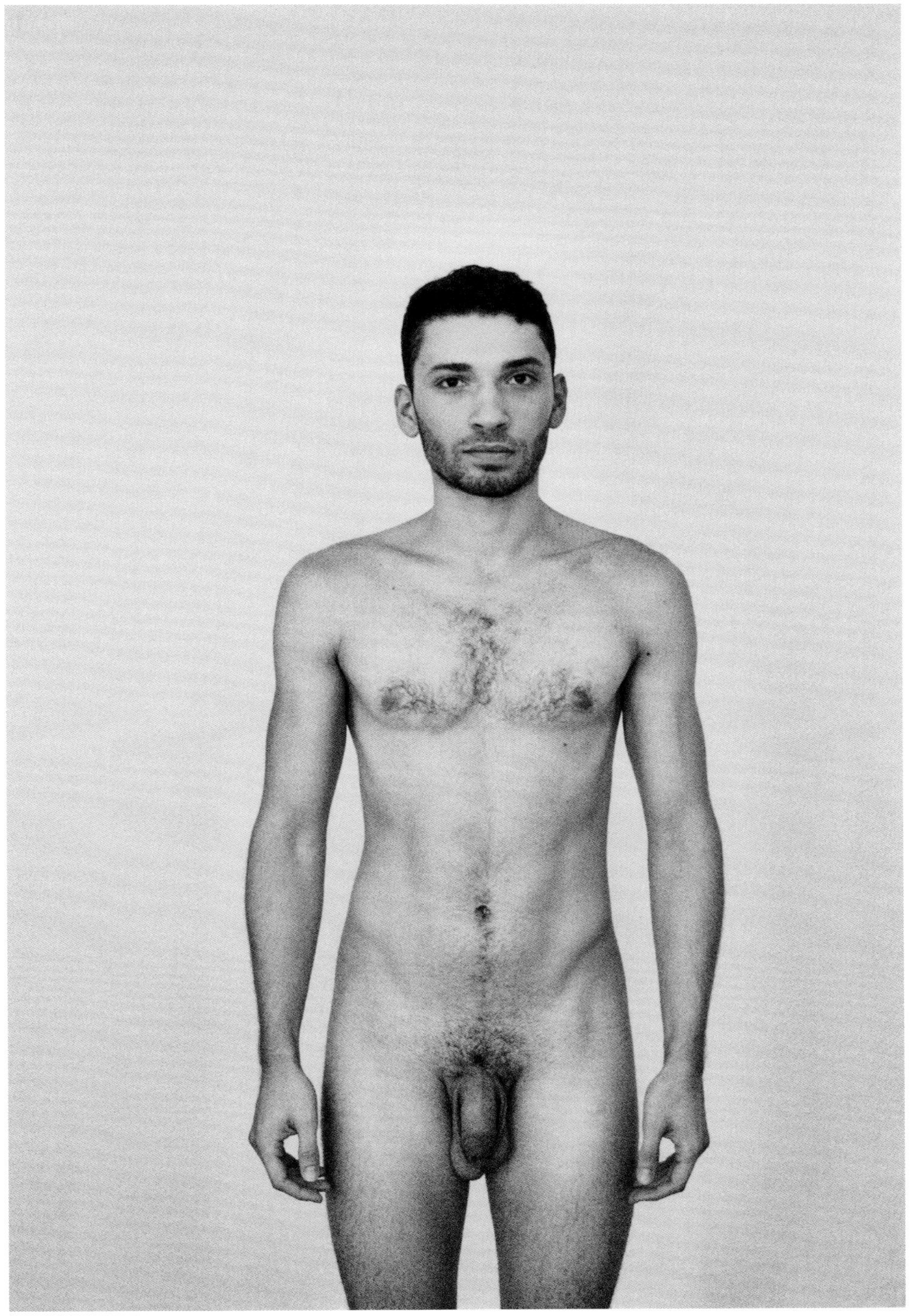

Maxim

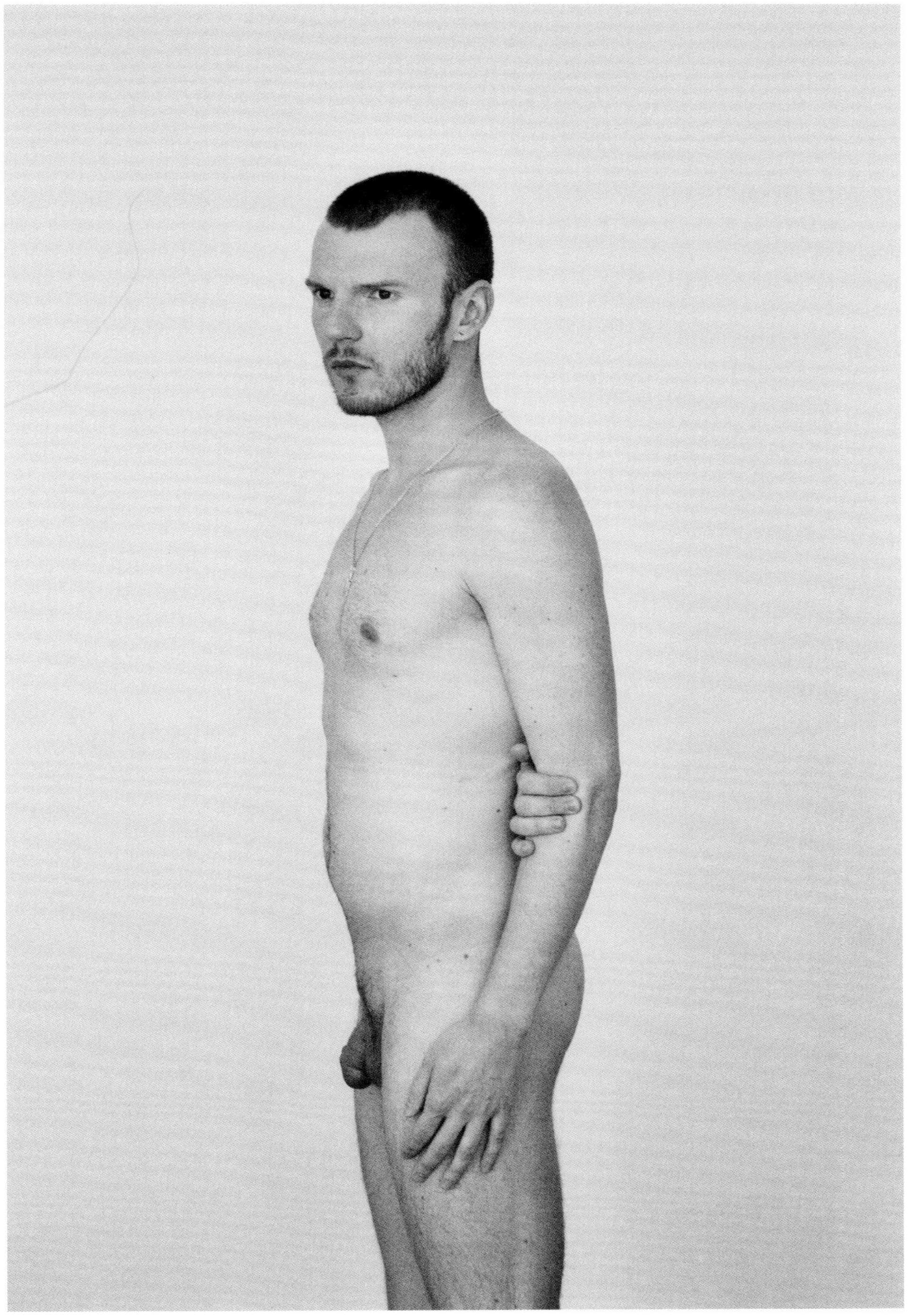

Leonardo

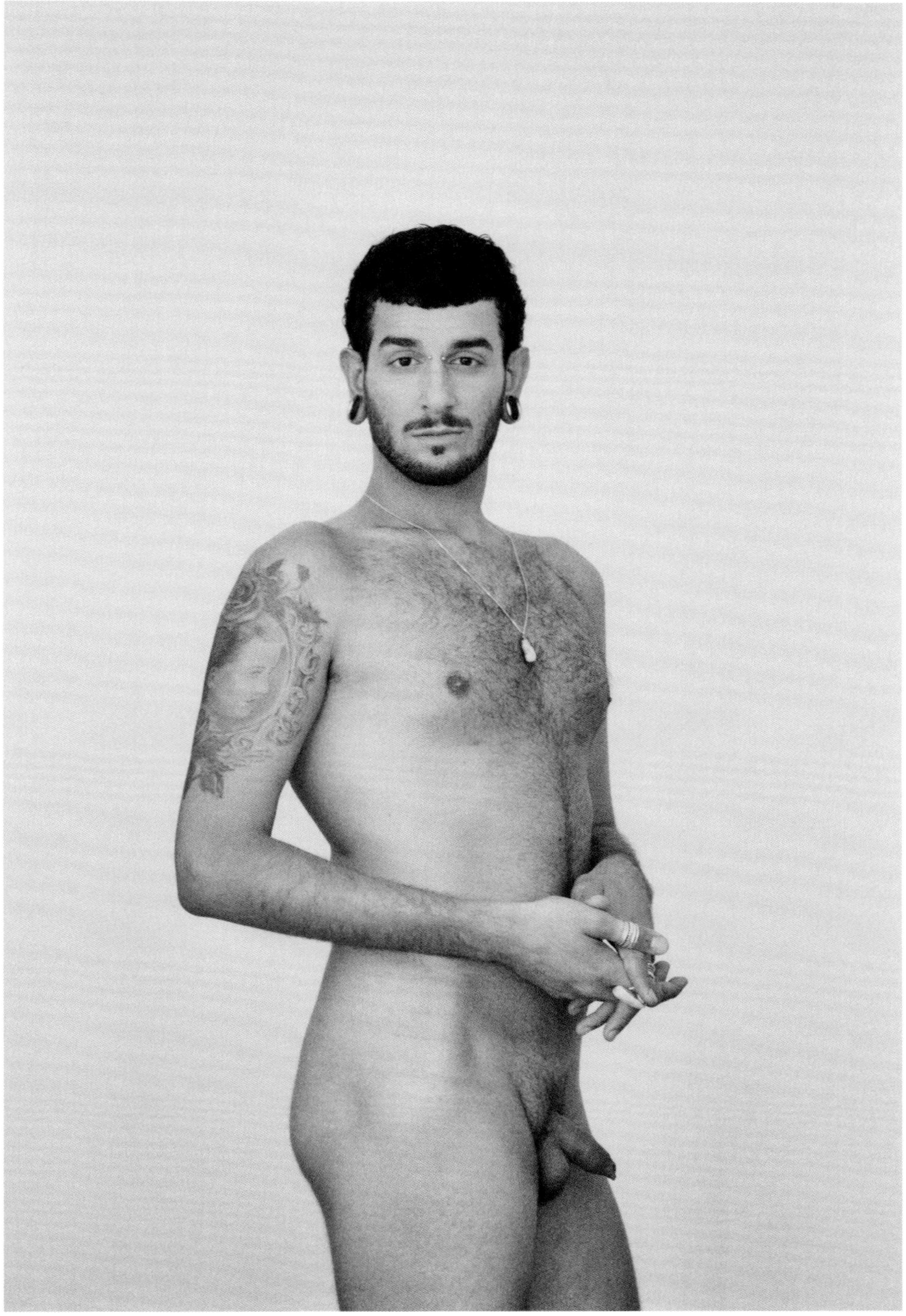

Gerald

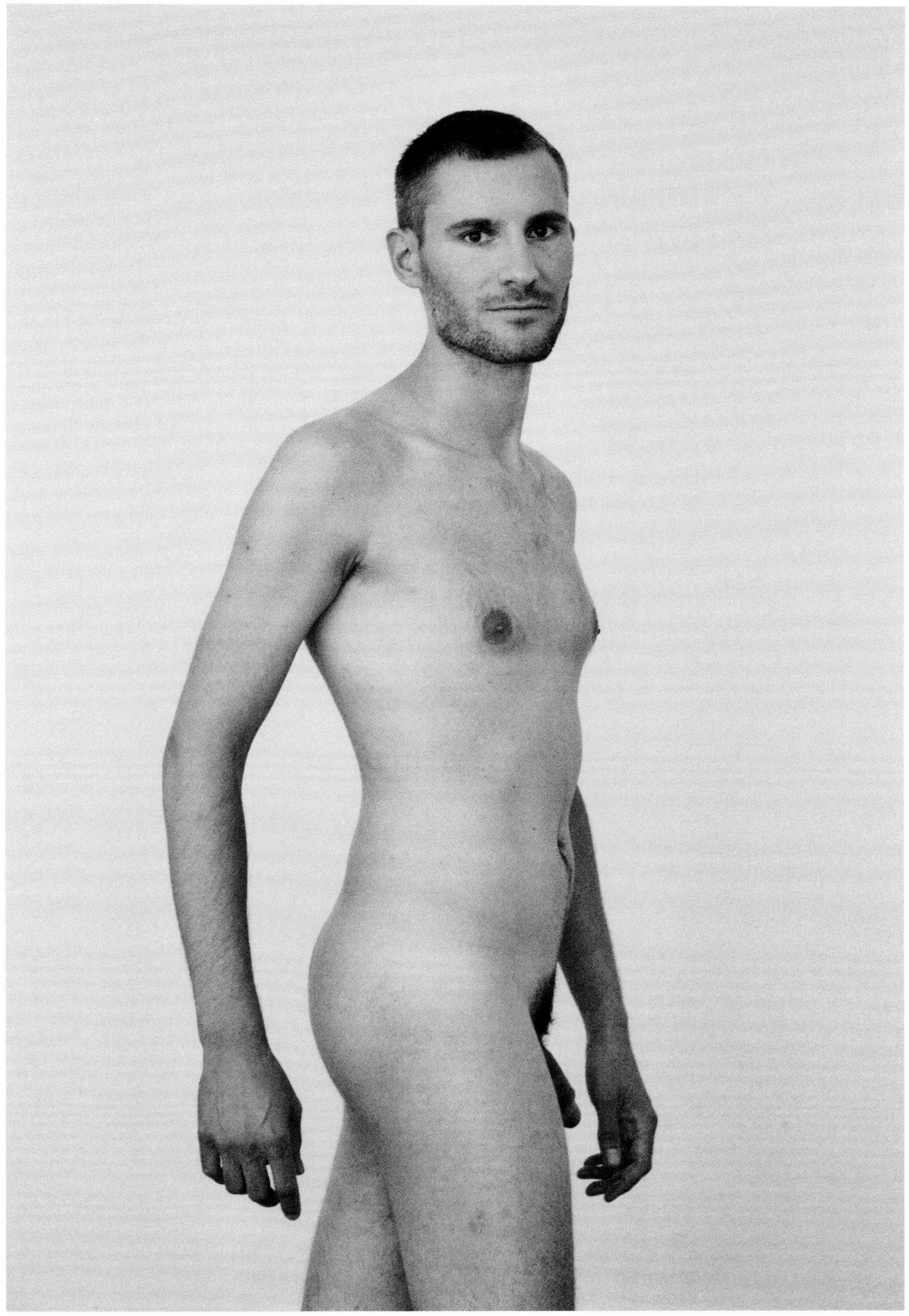

Rafael

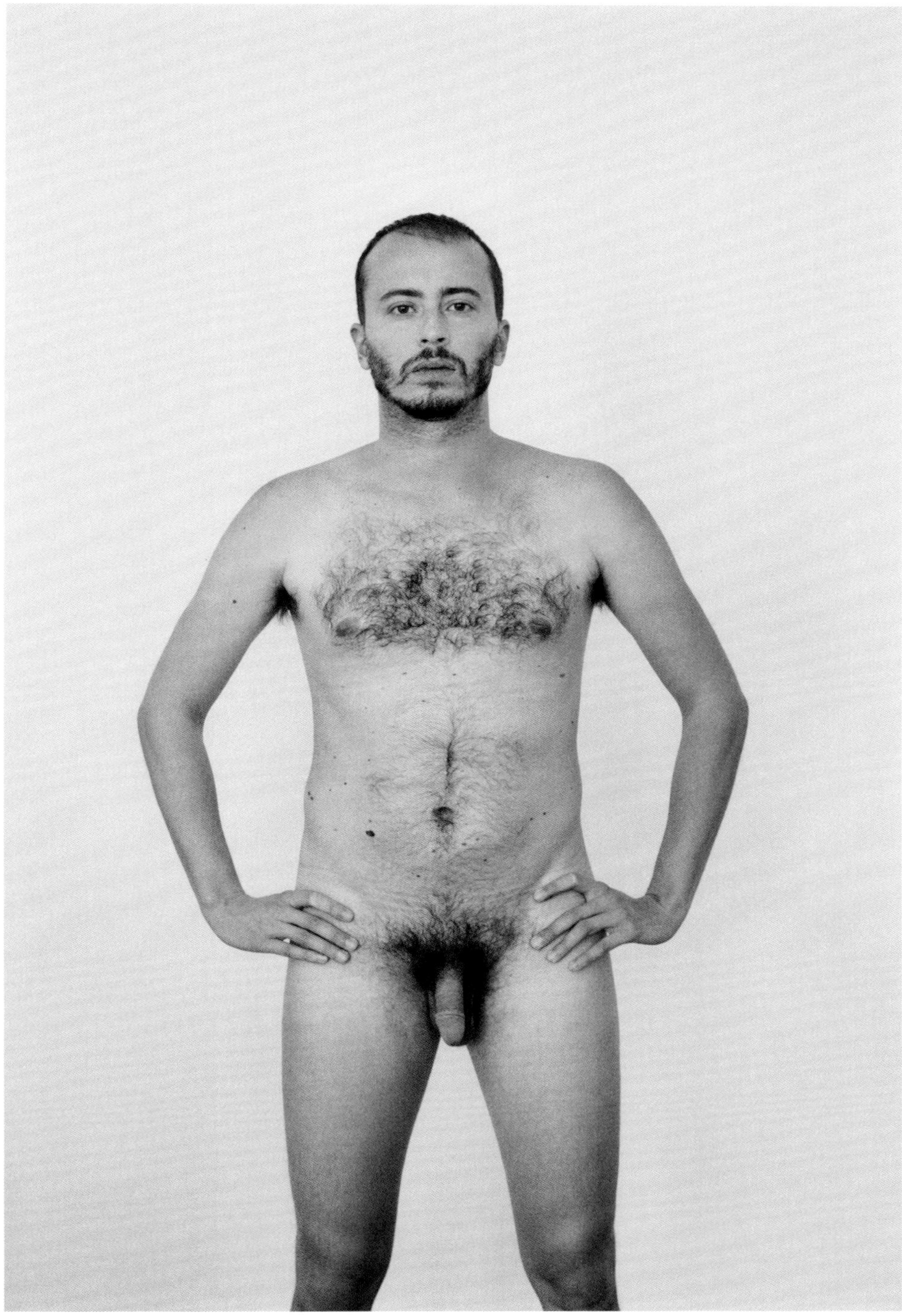

For my daughters Jaya and Ananda, and my son Jake

Danksagung

Zuallererst möchte ich meinen wundervollen Modellen danken. In der Reihenfolge der Aufnahmen, Anfang 2016 in unserer kleinen Wohnung in Berlin-Neukölln:

Robin, Stephanos, Oliver, Friedhelm, Rodrigo, Christian, Ralph, Tobias, Sepehr, Jan, Janet, Tristan, Ruby, Steven, Rouven, Damiano, Maxim, Leonardo, Gerald und Rafael.

Dank an Annette Berr und Ul Vohrer und ihr großartiges Team von d'mage für ihre technische und kreative Unterstützung bei der vorliegenden Serie.

Ein besonderer Dank an Hilka Dirks für die Erlaubnis, unser Schlafzimmer in ein Tageslichtstudio zu verwandeln, für ihre unschätzbare Hilfe, mir viele dieser wunderschönen Menschen vorzustellen, für ihr ästhetisches Urteil und ihre Geistesschärfe.
Und für ihre Liebe.

Ich danke Penelope Winterhager und Olin Roenpage, Matthias Brandl, Kaveh und Cora Sheibani und Dorthe Steffensen für ihre tiefe Freundschaft.

Ich danke Vasilis und Sophia Bacolitsas.

Ich danke meinen Töchtern Jaya und Ananda und meinem Sohn Jake für ihre Geduld und Liebe.

Ich danke euch allen von ganzem Herzen.

Acknowledgments

First and foremost I would like to thank my wonderful models. In the same order their portraits where taken in early 2016 in our little apartment in Berlin-Neukölln, they are:

Robin, Stephanos, Oliver, Friedhelm, Rodrigo, Christian, Ralph, Tobias, Sepehr, Jan, Janet, Tristan, Ruby, Steven, Rouven, Damiano, Maxim, Leonardo, Gerald, and Rafael.

Thank you Annette Berr and Ul Vohrer and their great team at d'mage for their technical and creative support for this project.

A big thank you to my darling Hilka Dirks for allowing me to turn our bedroom into a daylight studio, for her immeasurable help introducing me to these beautiful humans, and for her keen creative eye and sharp mind, which made this portfolio so much finer. And for her love, especially.

Thank you Penelope Winterhager and Olin Roenpage, Matthias Brandl, Kaveh and Cora Sheibani and Dorthe Steffensen for being amazing friends.

Thank you Vasilis and Sophia Bacolitsas.

Thank you my daughters Jaya and Ananda and my son Jake for your patience and love.

Thank you all from the bottom of my heart.

Text — Ashkan Sahihi

Übersetzungen / Translations — Matthias Brandl, Hilka Dirks
Gestaltung / Design — Ashkan Sahihi, Hilka Dirks, Kehrer Design Heidelberg (Loreen Lampe)

Bildbearbeitung / Image Processing — Kehrer Design Heidelberg (René Henoch)
Gesamtherstellung / Production — Kehrer Design Heidelberg (Silke Küpperscheeg)

Printed and bound in Germany
ISBN 978-3-86828-763-9

Kehrer Heidelberg Berlin
www.kehrerverlag.com